GARDE NATIONALE MOBILISÉE DES ALPES-MARITIMES

NOTRE JUSTIFICATION

DÉDIÉE

aux 2e & 3e bataillons des Mobilisés

ANTIBES

J. MARCHAND, IMPRIMEUR-LIBRAIRE

5, rue du Puits-Neuf, 5

1871

NOTRE JUSTIFICATION

DÉDIÉE

aux 2ᵉ & 3ᵉ bataillons des Mobilisés

Voilà cinq jours que les portes de la prison de Constantine se sont refermées sur nous, cinq jours et rien n'est encore changé dans notre position.

Ferons-nous jusqu'au bout notre peine?

Avalerons-nous jusqu'à la lie les deux mois de détention qui nous ont été infligés?

Cependant les gros galonnés de la légion avaient bien promis de s'occuper de nous, de nous tirer du mauvais pas où leur incapacité et leur ineptie nous avaient conduits; mais pourront-ils réparer un malheur qu'ils n'ont su ni prévoir ni empêcher? S'ils n'ont pu ou voulu rien faire pour nous, à nous à relever le gant, à nous justifier, à faire retomber sur qui de droit l'odieux des procédés qui nous ont menés à la maison de détention.

C'est pourquoi, malgré le peu de cas que nous faisons encore de certaines personnes, nous devons dévoiler la conduite, à notre égard, de ceux qui étaient chargés de veiller à nos intérêts.

A nous la prison, à eux la flétrissure.

Quand, dans les premiers jours de mars, on connut à Sétif, notre garnison, par les journaux, le décret de licenciement des mobilisés, un malaise général s'empara des 2e et 3e bataillons. Trop d'intérêts de tous genres étaient injustement lésés par la prolongation de notre séjour en Afrique, surtout quand, de tout côté, on apprenait la rentrée des mobiles, des mobilisés et des volontaires; l'on eût plus dès lors qu'une idée, un but fixe : celui de rejoindre sa famille.

C'était, en effet, après les terribles convulsions qui venaient d'agiter la France, le moment où les affaires, suspendues depuis six mois, allaient reprendre; le calme après la tempête. Le sort de la plupart dépendait du profit qu'ils pouvaient tirer de ce moment.

Et cependant notre séjour se prolongeait; le départ, renvoyé de jour en jour, de semaine en semaine, sous des motifs plus ou moins sérieux, était constamment ajourné.

L'idée vint alors d'en référer à l'autorité supérieure, puisque nos chefs ne paraissaient pas avoir les mêmes intérêts que nous. Nous en excepterons toutefois le colonel, qui, ayant, affirmait-il, 400,000 fr. [1] engagés dans les affaires, éprouvait plus de besoins que nous tous d'aller surveiller son commerce.

Une pétition fut rédigée. Couverte en moins de vingt-quatre heures de 500 signatures environ, elle fut transmise au ministre et au général commandant l'Algérie [2].

Quel en fut le résultat? Nous l'ignorons encore. Toutefois, mal vue par ceux dont elle froissait les intérêts, elle devait, plus tard, nous être funeste.

Ici commence notre histoire, qui, sans se séparer complétement de celle de nos compagnons d'armes, en est cependant distincte.

Dès l'instant où cette pétition vit le jour, la fatalité sembla s'attacher à tous nos actes; trahis par un collègue, trompés par nos chefs, dont

(1) Quatre cent mille francs.
(2) La pétition adressée au général fut renvoyée au lieutenant-colonel Raynaud, commandant par intérim la subdivision de Sétif.

nous avons appris, à nos dépens, à nous mé-
fier, nous devions être les boucs émissaires,
chargés des crimes de la légion et de l'incurie
de ceux qui la commandaient.

En vain le colonel nous apprend que l'auteur
de la pétition nous a trompés pour obtenir une
permission qu'il avait demandée, nous fait con-
naître à quel personnage nous avions à faire,
et lui refuse l'autorisation de partir; le dit collègue, malgré nos protestations, joue le colonel
(chose facile), lui arrache sa permission et part.

Le même jour arrivait l'ordre de marcher en
colonne; le lendemain, le refus d'y obéir, et un
ordre du jour par lequel le général Augeraud,
commandant la division de Constantine, croyant
nous flétrir publiquement, servait notre cause,
en rendant notre retour en France obligatoire.

Le colonel, dans la cour de la casbah [1],
brandissant ce terrible ordre du jour, perdu
dans les méandres d'un discours filandreux, et
jurant qu'il se retirerait plutôt que de sévir et
de traduire quelqu'un en conseil de guerre,
dut à une imprudente sortie de son officier
d'ordonnance de soulever une tempête bientôt
apaisée, mais qui raviva les ressentiments con-

---

[1] Quartier militaire dans les villes d'Algérie.

tre celui qui, cause primitive de ce désordre, s'était prudemment évadé.

Le commandant Palanque jugea le moment opportun. Il fallait rattraper ce fugitif, contre qui existaient de vieilles rancunes; il fallait contraindre au silence un journaliste qui avait déjà trop parlé, et dont la plume acérée menaçait de troubler la sérénité du commandement.

Pas une minute ne fut perdue. Au milieu des cris, des menaces, des imprécations, le commandant réunit rapidement quelques collègues de celui qu'il lui importait d'arrêter.

Sans sortir de la caserne, il les rassembla dans la chambre de l'un deux, et là, laissant un libre essor à son ressentiment, il rédigea une plainte, constatant que le fugitif était l'auteur de la pétition; qu'il avait fait suivre de leur qualité la plupart des noms des signataires; enfin qu'il avait montré une lettre où il était question des affaires de France, ajoutant qu'il fallait faire une révolte à Sétif.

Sur la première partie de l'accusation, chacun fut d'accord; on était bien aise de dévoiler la conduite de l'auteur de la pétition, qui avait renié son œuvre; on approuva. La seconde souleva des réclamations de tous genres. « Signez donc, disait le commandant à ceux qui protestaient; vous ne signez que ce que vous savez. Que vous importe d'ailleurs, j'assume toute responsabilité. Le colonel me demande une pièce pour faire arrêter celui qui nous a tous joués. Il ne s'agit, du reste, que de lui faire retirer la permission qu'on lui a donnée et de le faire rentrer avec nous en France. »

On ne réfléchit pas, on signa.

C'était mettre entre les mains d'un homme mal intentionné une arme terrible; mais personne ne soupçonna l'usage qu'il pouvait en faire. On avait encore à la mémoire la déclaration du colonel : « Je ne sévirai contre personne. »

Toutefois, la légèreté avec laquelle agirent les signataires ne peut s'expliquer que par l'état d'exaspération dans lequel on se trouvait.

On oubliait le passé du commandant, ses menaces continuelles; on oubliait que tous les soirs, dans ses divagations entre les bras de Bacchus, il ne s'écartait jamais de la prison et du conseil de guerre.

Mais le moment d'effervescence passé, chacun eut comme un pressentiment de ce qui pouvait arriver. C'était fait, on n'en parla plus.

Ces pressentiments ne tardèrent pas à se réaliser. Au bout de peu de jours, on apprit que le journaliste était arrêté et écroué à la prison de Constantine, en prévention de conseil de guerre, pour excitation à la révolte.

Par quelle série de tranformation notre protestation, bien bénigne à son principe, s'est-elle élevée à la hauteur d'un acte d'accusation?

Est-ce méchanceté du commandant? Est-ce incapacité du colonel, qui, ne sachant comment retirer sa permission, ne crut rien avoir de mieux à faire que de demander au général Augeraud, très mal disposé en notre faveur, un mandat d'amener?

L'une et l'autre causes doivent avoir agi ensemble; car quand la victime de cette machination fut arrêtée, elle devait être ramenée à Sétif; mais le lendemain arrivait l'ordre de le maintenir en prison, dans les mêmes chambres que nous occupons présentement.

L'annonce des suites de notre imprudente démarche nous atterra. Des réclamations s'élevèrent aussitôt contre l'odieuse conduite de nos chefs et l'espèce de trahison dont ils venaient de se rendre coupables. Mais il était trop tard : l'affaire devait avoir ses suites, le général le voulait.

Toutefois, le commandant se sentit compromis. N'était-ce pas lui qui était l'auteur de cette machination? Il s'était soigneusement dissimulé derrière nos signatures, c'est vrai; mais ne pouvait-on pas lui faire le même reproche que celui qu'il faisait naguère à son ennemi, pour nous exciter contre lui? N'avait-il pas, à son tour, jeté la pierre et caché le bras?

Une seule chose pouvait le mettre complétement à l'abri : il fallait nous faire avouer que notre protestation était une plainte en conseil de guerre.

Et de nouveau l'on commença à exploiter notre bonne foi.

Le commandant Palanque nous manda un jour dans son bureau, où se trouvaient le commandant du 3ᵉ bataillon et un capitaine, protecteur et correspondant assidu du prévenu.

Tous trois venaient sans doute de s'entendre, et, en se faisant des concessions réciproques, d'arrêter ce qui allait se passer. Restait à savoir si nous voudrions acquiescer encore à leurs désirs, comme la première fois.

Quand nous fûmes réunis, il nous demanda quelle peine nous voulions infliger au détenu. La réponse était prévue : on insista pour que les choses fussent remises en leur état primitif; jamais il n'avait été question de conseil de guerre.

La sévérité des lois militaires, auxquelles nous craignions d'avoir imprudemment exposé un collègue, nous effrayait au point de nous faire oublier que, n'ayant accusé personne, il ne pouvait pour nous y avoir un coupable.

Le commandant le savait; aussi ne cessait-il de répéter :« Vous épargnez à quelqu'un qui ne le mérite pas, cinq ans de travaux publics. »

Ce sentiment de crainte ainsi entretenu, joint à la certitude de pouvoir arrêter les suites de l'affaire, nous ôta toute réflexion; on regardait la chose comme terminée; on ne prit plus garde aux moyens à employer, que l'on laissa à la disposition du commandant Palanque.

Il n'écrivit plus lui-même; mais sous sa dictée on fit en double expédition une lettre adressée au général, dans laquelle il était dit que, « malgré la conduite de notre ancien collègue à notre égard, nous retirions la plainte en conseil de guerre, mais que nous demandions son retour immédiat à Sétif. »

Sans songer que cette rétractation affirmait notre culpabilité, ni à l'utilité que pouvaient avoir les deux expéditions, on signa. On ne voyait en ce moment que le moyen de réparer les conséquences de notre légèreté. Un mot lancé par le protecteur du prévenu eût dû pourtant nous dessiller les yeux. « Par ce moyen, dit-il, vous mettez le commandant à l'abri. » Mais on y fit peu d'attention, pas plus qu'à la violente réponse de ce dernier, qui prétendait n'avoir à cacher aucune de ses actions.

Notre aveuglement était tel que nous apercevions dans cet acte l'accomplissement d'un devoir. Nous sortîmes soulagés.

Que sont devenues ces rétractations? L'une est restée sans doute entre les mains de leur auteur, *pour le mettre à l'abri;* l'autre a dû être adressée au général. Mais au lieu de produire l'effet que nous en attendions, elle ne fit qu'irriter ce dernier, qui sentait que sa proie allait lui échapper; car il était trop aise de se venger sur quelqu'un de la résistance que ses ordres avaient rencontrée chez les mobilisés des Alpes-Maritimes.

De nouveau l'on nous affirma que, malgré nos efforts, l'affaire suivrait son cours.

Sur ces entrefaites, on partit de Sétif pour Constantine. L'affreuse débandade dans laquelle se fit la route, connue du général par les soins du commandant Palanque, qui n'avait pas été capable de conduire en ordre une colonne de 1,200 hommes, ne contribua pas peu à l'irriter contre nous.

Mandés au greffe le lendemain de notre arrivée, nos réponses au capitaine rapporteur furent la stricte expression de la vérité; on demanda à être entendu devant le commandant et le colonel, pour leur faire avouer qu'ils étaient seuls cause de tout. Mais notre rétractation nous écrasait : nous étions considérés comme faux témoins.

Le même jour une ordonnance de non lieu était rendue en faveur du prisonnier, et l'ordre suivant nous internait à sa place :

« ORDRE.

« M. le sous-lieutenant Pellegrin et les sous-officiers ci-après de la légion des gardes nationales mobilisées des Alpes-Maritimes seront conduits aujourd'hui, à six heures et demie, à la prison militaire, pour y subir, par ordre du général commandant la division, une punition de deux mois de prison, pour avoir porté une accusation qui a occasionné l'arrestation du fourrier X..., comme instigateur de rebellion, et s'être ensuite désistés devant le capitaine rapporteur, en déclarant fausse l'accusation qu'ils avaient signée.

« Ce sont les nommés :
« Pellegrin, sous-lieutenant;
« Chabot, sergent-fourrier;
« Clar,   id.;
« Vian, sergent-major;
« Roubion,   id.;

« Cauvin, sergent-fourrier ;

« Icard, sergent-major ;

« Bertrand, id.;

« Alberge, sergent-fourrier ;

« Muraour, sergent-major.

« Si cet officier et ces sous-officiers n'étaient pas écroués à la prison à sept heures moins un quart, des ordres seraient donnés pour qu'ils fussent arrêtés par la gendarmerie.

« Ils devront être munis de leurs sacs et de tous les effets militaires qui composent leur habillement et leur campement.

« Constantine, le 20 avril 1871.

« *Le colonel commandant la place,*

« (Signé) BERTHAU DUCHESNE. »

La sévérité outrée de cette décision émut nos chefs. Le commandant Palanque, mal reçu par le général, qui avait refusé de l'entendre malgré ses supplications, lui écrivit une lettre où le pathétique le plus larmoyant faisait côte à côte au comique le plus burlesque ; dans laquelle, entre autres, « au nom de sa femme, il suppliait le général d'avoir pitié de ces petits êtres innocents qu'il avait sous sa direction, etc. », oubliant une chose, qui seule eût pu produire un certain effet, c'est d'avouer qu'il était lui-même coupable, que nous avions été les dociles instruments de sa volonté et qu'il avait assumé sur lui toute la responsabilité.

Aussi le 20 avril, à sept heures du soir, faisions-nous notre entrée dans la prison militaire de Constantine, sans difficulté, car nous avions la conscience de notre devoir rempli.

Nous devons y expier pendant deux mois l'incapacité de ceux que nous avons eu la faiblesse de mettre à notre tête.

Il fallait au général une victime; il en tient neuf [1], et malgré tout ce qui pourra être tenté en notre faveur, nous n'hésitons pas à croire qu'il ne nous fera pas grâce d'un jour.

Toutefois, nous nous devions à nous-mêmes de protester contre la décision qui nous frappait et d'essayer d'éclairer le général, dont la religion avait certainement été trompée.

Nous lui avons donc adressé la lettre suivante, qui résumera toute notre justification :

« Constantine, le 24 avril 1871.

« Général,

« Les soussignés, officier et sous-officiers des gardes mobilisés des Alpes-Maritimes, détenus par vos ordres à la prison militaire, ont l'honneur de vous soumettre les raisons qu'ils ont à faire valoir contre la décision prise à leur égard.

« Ils n'ont pas reconnu fausse devant M. le capi-

---

[1] L'un des dix condamnés resta, par faveur spéciale du colonel, en liberté à Philippeville. On a toujours négligé de nous donner l'explication de cette bienveillance.

taine rapporteur l'accusation qu'ils avaient portée contre le fourrier X...; leur réponse à cet officier a été identique aux déclarations faites au commandant Palanque; mais ils n'ont pu se rendre solidaires d'une aggravation de culpabilité, dont ils n'ont eu connaissance que trop tard.

« Le commandant Palanque a pris lui-même l'initiative de l'accusation contre M. X...; il l'a écrite de sa main, l'a fait signer dans un moment d'effervescence, causé par une triste scène qui venait d'avoir lieu dans la cour de la casbah, se bornant à en donner lecture, affirmant à ceux qui lui déclaraient ne pas avoir connaissance des dernières allégations contenues, qu'il en faisait son affaire, et que *l'on ne signait que pour ce que l'on savait;* à ceux qui protestaient, contre la rédaction fausse de cette même allégation, que *cela importait peu et que le fond restait le même;* à tous enfin que cette démarche était de peu d'importance, et qu'elle n'aurait d'autre suite que celle de faire retirer à leur collègue la permission qui lui avait été induement accordée, faveur contre laquelle les soussignés avaient déjà énergiquement protesté.

« Surpris dans leur bonne foi, sans calculer davantage les suites de leur conduite et confiant dans la parole de leur commandant, ils ont donné leurs signatures, dont, par une série de faits qui leur sont inconnus et à leur insu, on s'est servi pour essayer de traduire le susdit collègue devant un conseil de guerre.

« En présence des conséquences redoutables que cette accusation devait avoir, ils sont revenus, devant M. le rapporteur, à la stricte expression de la vérité, dont ils ne s'étaient pas écartés devant le commandant Palanque, et, pour justifier la franchise de leur conduite, ils ont l'honneur de vous prier, monsieur le général, de vouloir bien les entendre devant leur commandant.

« Ils sont, etc.   *(Suivent les signatures.)* »

Quant au reproche de légèreté que nous nous faisons nous-mêmes, nous ne l'admettons pas de la part de nos chefs. Ils n'ont, à nos yeux, aucune excuse à alléguer.

Eh ! quoi? Ils viendront nous accuser d'avoir agi à la légère, ceux qui, interrogés le lendemain sur la gravité de l'acte qu'ils nous avaient fait commettre la veille, répondaient encore qu'il ne pouvait avoir aucune suite sérieuse; qui, trois jours après, employant les mêmes arguments, arrachaient sa signature à l'un de nous, resté jusque-là en dehors de tout; qui, mettant de côté toute délicatesse pour arriver à leurs fins, usaient du même procédé à l'hôpital, à l'égard d'un malade à peine sorti du délire de la fièvre, nouvelles victimes instruites par ses résultats seuls de l'acte qu'on leur fit commettre inconsciemment !

Ils se sont trompés ou ils nous ont trompés. Nous répudions encore la seconde hypothèse. Voiler ses actes d'un masque d'hypocrisie pour compromettre dix personnes en se jouant de leur confiance, serait trop odieux.

Mais qu'ils avouent alors leur incapacité, aussi notoire sur les lois militaires que sur les pratiques du commandement !

Et c'est avec de pareils chefs que l'on voulait nous lancer dans les hasards d'une expédition !

Une minute de confiance en eux nous a valu deux mois d'emprisonnement ; on frémit en songeant aux résultats de l'exécution d'un ordre qui aurait mis 500 hommes, pendant plusieurs mois peut-être, à leur merci et à leur entière discrétion.

Ces résultats, nous les avions devinés ; et cependant, le même jour, nous leur laissions la faculté d'exercer à nos dépens leurs néfastes moyens d'action. C'est de cette inconséquence seule que nous leur laissons le droit de nous accuser.

Prison de Constantine, le 25 avril 1871.

BERTRAND, sergent-major.		CHABOT, sergent-fourrier.	
ICARD,	id.	ALBERGE,	id.
MURAOUR,	id.	CAUVIN,	id.
ROUBION,	id.	CLAR,	id.

9 782013 189743